A propos du passage

du

Grand-Saint-Bernard

par l'armée française en 1800

CENT ANS APRÈS

PAR

GEORGES CRESTE

Extrait du *Bulletin de la Société archéologique, historique et artistique* LE VIEUX PAPIER
Mars 1910.

LILLE
IMPRIMERIE LEFEBVRE-DUCROCQ
—
1910

A propos du passage

du

Grand-Saint-Bernard

par l'armée française en 1800

CENT ANS APRÈS

PAR

GEORGES CRESTE.

Extrait du *Bulletin de la Société archéologique, historique et artistique LE VIEUX PAPIER*
Mars 1910.

LILLE

IMPRIMERIE LEFEBVRE-DUCROCQ

—

1910

A propos du passage

du

Grand=Saint=Bernard

par l'armée française en 1800.

CENT ANS APRÈS

EN mai 1800, l'armée française écrivit pour l'histoire une de ses plus belles pages. Entre le 15 et le 21 de ce mois, le général Bonaparte faisait, en moins d'une semaine, franchir à ses soldats le Grand-Saint-Bernard, pour prendre à revers les Autrichiens fort occupés à assiéger Masséna dans Gênes ; 30.000 fantassins et cavaliers, avec une nombreuse artillerie et un matériel immense, escaladaient les pentes abruptes de la montagne et, malgré l'horreur des précipices et la menace des avalanches fréquentes en cette saison, au prix de dangers incessants et de fatigues inouïes, traversaient le col et descendaient avec non moins de difficultés sur le versant italien dans les plaines du Piémont : quelques jours après les Autrichiens étaient battus à Marengo (14 juin), l'Italie leur était arrachée, la paix conquise.

Ces exploits extraordinaires soulevèrent en leur temps un enthousiasme général ; littérateurs et artistes célébrèrent à l'envi le passage du Saint-Bernard par l'armée de réserve.

Plus d'un siècle a passé sur cette épopée restée parmi celles qui ont frappé le plus vivement l'imagination populaire.

J'avais fait il y a quelques années, comme tant d'autres, l'excursion du Grand-Saint-Bernard et gravi, non sans quelque fierté française, les chemins escarpés qui de Martigny conduisent à l'hospice.

Mon séjour y avait été court, mais avait suffi à me faire éprouver le charme particulier de l'hospitalité si cordiale que l'admirable dévouement des religieux met au service des voyageurs dans ce col balayé par la bise glacée, sorte de couloir resserré entre des montagnes neigeuses où presque en toute saison règnent sans discontinuer de terribles tempêtes : *neuf mois d'hiver, trois mois de mauvais temps*, dit-on là-haut [1].

L'hospice du Grand-Saint-Bernard dans son état actuel,
d'après un cliché de l'auteur.

Le souvenir des impressions alors reçues me ramena en juillet 1906 dans le Valais, au pied de ces montagnes, et la pensée me vint de les parcourir à nouveau et de rechercher ce qui pouvait — après plus de cent années écoulées — subsister de traces matérielles du grand fait d'armes de

---

1. L'hospice, fondé en 962 par saint Bernard de Menthon, est desservi par les Pères de la Congrégation des Chanoines réguliers de Saint-Augustin, qu'on a souvent par erreur appelés Bernardins ; ils sont au nombre de 14, aidés par quelques domestiques dits « maroniers » ; chaque année, 18 à 20.000 voyageurs, nécessiteux pour la plupart, passent par là de Suisse en Italie et réciproquement et reçoivent l'hospitalité du couvent pendant trois jours.

Les religieux se portent au devant des passagers avec leurs célèbres chiens et les assistent dans le trajet : beaucoup leur ont dû la vie. Actuellement, un service de téléphone fonctionne des deux côtés du col et donne l'avertissement à ceux qui se présentent pour le franchir de ne pas se mettre en route quand le temps est mauvais ; grâce à cette précaution, les accidents, fréquents autrefois, sont maintenant assez rares.

L'hospice est bâti à une altitude de 2.742 mètres : c'est la demeure d'hiver la plus élevée des Alpes.

1800. N'y avait-il pas à relever quelque détail omis ou négligé, à découvrir peut-être quelques « vieux papiers » inédits ? Désirs un peu ambitieux qui, je le dis de suite, n'ont trouvé qu'une imparfaite réalisation.

* * *

C'est à Martigny que s'était faite la concentration des troupes et que, pendant trois jours, les 17, 18 et 19 mai, le Premier Consul avait séjourné, recevant des courriers, expédiant ses ordres pour le mouvement des premières divisions qui, avec Lannes en tête, avaient abordé le difficile passage.

Il avait été l'hôte des Pères du Saint-Bernard dans leur maison prévôtale, qui existe encore aujourd'hui ; je m'y adressai et j'y fus très aimablement accueilli.

On me fit voir la chambre occupée par Bonaparte [1] d'où il avait écrit à Joséphine, sans doute dans un accès d'humeur sombre, « qu'il n'y avait » jamais vu le soleil ».

Mais, lorsque je demandai au Père qui me conduisait s'il avait à me communiquer quelque document rappelant cette mémorable circonstance, il ne put que me répondre négativement : « Peut-être, me dit-il en manière » de consolation, trouverez-vous quelque chose à notre maison de là-haut » où vous rencontrerez notre Prévôt, le R. P. Bourgeois, qui y est parti ce » matin. »

Je le quittai sur cette bonne parole pour me rendre à la maison communale où je constatai également l'absence de papiers intéressant mon sujet.

Il ne me restait plus qu'à me mettre en route et à suivre le chemin autrefois parcouru par nos soldats.

La première étape de la montée est à Orsières, grand village que 22 kilomètres séparent de Martigny ; on y arrive après trois heures de trajet. Une désillusion m'y attendait encore.

Je rencontrai facilement le secrétaire à qui sont confiées les archives de la commune, fonction qu'il cumule avec son métier d'aubergiste. Il me conduisit à la mairie et me montra complaisamment les dossiers concernant les affaires du siècle dernier lesquels, il faut lui rendre cette justice, se trouvaient en assez bon ordre. Il en existait même une table à l'aide de laquelle je trouvai sans difficulté l'indication de deux liasses aux titres prometteurs... Vérification faite, ces liasses étaient absentes. Un peu vexé de la lacune qu'il venait de constater dans ses papiers, leur gardien me confia alors que, l'année précédente, un « Monsieur », venu lui aussi pour faire des recherches, les avait consultés... Avait-il fait plus ? *Chi lo sa*, comme l'on dit de l'autre côté des monts ?

---

1. Cette pièce a été réunie à une autre et sert actuellement de salle à manger

Il me fallut bien me contenter ainsi : « Mais, me dit-il, puisque vous
» allez à Liddes, adressez-vous de ma part à M. Massard, qui tient le
» bureau de poste et l'hôtel de l'*Union* : c'est lui qui conserve les papiers
» de la commune, il en prend grand soin et il est probable que vous serez
» plus heureux là-bas qu'ici. »

Je partis un peu réconforté et, après avoir parcouru les longs lacets
qui d'Orsières montent à Liddes, je me trouvai au bout d'une heure et
demie devant le modeste « post-office » de cette localité.

On ne m'avait pas trompé en me vantant les qualités de M. Massard
et je pus m'en convaincre quand, la connaissance vite faite avec lui, il me
dirigea sans tarder vers son dépôt d'archives. Il les a logées dans un bas-
côté de la vieille église de Liddes, à l'abri du feu, grâce au mur dont il me
fit remarquer l'épaisseur ; dans ce petit local, une grande armoire fermée
à clef les recèle et les garde.

Les dossiers sont classés avec méthode et j'y trouvai aisément celui qui
m'intéressait ; il ne contenait que quelques pièces et je n'en vis à retenir
que le seul document dont j'ai pris fidèlement copie et que je transcris ici.

On lui reconnaîtra, je l'espère, quelque intérêt par son authenticité
que je puis garantir et par les indications qu'il donne sur certains détails
du passage de l'armée, sur les difficultés que les chefs éprouvèrent à
obtenir le concours des gens du pays, les salaires qu'ils réclamèrent, le
mode employé et les efforts faits pour hisser les grosses pièces de canon
jusqu'au sommet de la montagne.

Je ne me livrai pas du reste à ce travail avant d'avoir visité à la maison
de la cure, auprès de l'église, la chambre où Bonaparte, parti le soir de
Martigny et arrivé à Liddes dans la nuit, prit quelque repos avant d'aborder
la seconde partie de son ascension du Saint-Bernard qui fut pour lui la
montée vers la gloire et les lauriers de Marengo.

Voici cette pièce [1] :

Etat des voitures qui n'ont pas été payées et fournies à l'Armée de réserve par la
commune de Liddes ainsi qu'il suit, certifié par la Municipalité avec des pièces
à l'appui, remise à la chambre atenan (*sic*) le reçu signé **Pétier** lesquels cy après
n'ont reçu aucun payement.

Le 15 May 1800, la Commune de Liddes a fourni au commissaire Trousset, par ordre
du Sous-Préfet Jouset le nombre de 25 mulets pour aller transporter des effets de St Pierre
à St Bernard d'où ils furent forcés les voituriers d'aller jusqu'à Oste [2] sans avoir aucun
payement et ils ne revinrent que le 3me jours de nuit par des faux-chemin leurs journées
sont taxées en tout . . . . 240 livres

---

1. Je reproduis l'état ci-dessus tel que je l'ai trouvé avec son orthographe quelquefois défectueuse.
2. *Aoste*, sur le versant italien On y passerait aujourd'hui en cinq heures, mais en 1800 il n'existait
aucun chemin et la descente était des plus difficiles.

Le 17 May des officiers françois ont obligé deux particuliers de Liddes s'étant rencontré sur la route avec leurs mulets d'aller jusqu'à Oste les mener à cheval sans les payés, taxées . . . . 20 »

Le 18 May 1800 deux hommes de Liddes ont chargées du train d'artillerie à S' Pierre et l'ont conduit au S' Bernard sans payement taxé . . . . 16 »

Plus le 18 May, un homme de Liddes avec son mulet fut obligé de partir avec des équipages et les François l'ont fait marcher jusqu'à Yvrée dont il n'est revenu qu'au bout de 15 jours ayant perdu le bât de son mulet avec le voyage taxé . . . . 64 »

Le 22 May 1800, quatre hommes de Liddes ont conduit du train d'artillerie au S' Bernard sans être payé. 16 »

3 hommes de Liddes furent obligés d'aller jusqu'à Etrouble [1] pour conduire des chevaux et mulet de l'artillerie par réquisition et sans payement le 22 mai, taxé . . . . 12 »

Plus le 22 Mai 1800, la municipalité fut requise de fournir 7 bons mulets pour transporter des effets de Liddes à S' Rémy [2] et là ils furent forcé d'aller plus loin où on leur a enfermé les bas de leurs mulets ils les ont abandonnés pour pouvoir revenir sans payement 53.12

Et les effets qu'ils n'ont pas retrouvés sont taxés . . . . 24 »

Le 21 May, l'agent national de Liddes et Gaspard Darbellay ont conduit avec leurs mulets le général Raguin et ses effets sans être payés de rien, ils sont allés de Liddes à Etrouble, taxé 11.4

Plus le 8 et le 11 et le 15 Juin un homme avec son mulet est allé et il fut obligé d'aller tous les trois jours de Liddes à Etrouble, sans payement, taxé. . 16.10

Le 15 Juin 1800, la municipalité de Liddes a été requise ou forcée de fourni dix mulets pour transporter les effets du neuvième régiment de dragons de Liddes jusqu'à la cité d'Aoste, sans aucun payement dont les particuliers en ont un reçu du transport qui certifie que le payement en est du lequel fut envoyé à l'Administration en datte du 23 Prairial An 8 taxé . . . . 100 »

Le 18 Juin 1800, un homme de Liddes avec son mulet a conduit les équipages de la 60me 1/2 Brigade à Etrouble, il a un reçu du chef qui certifie le but du payement 5.12

Le 22 prairial An 8, la municipalité at été requis de fournir 14 mulets pour conduire des souliers et autres effets appartenant à la 6me 1/2 Brigade légère jusqu'à Etrouble sans payement; de là ils furent forcé d'aller jusqu'à Vénas conduire un trésor et escorté par un détachement de militaires suisses. . . . 201.12

Suit le train d'artillerie

La commune de Liddes tient deux reçu qui portent entre les deux douze grandes roues et dix petites transportées de S' Pierre à S' Bernard sur des mulets de Liddes et desquelles le payement est du en datte du 30 prairial . . 80 »

Plus dix grandes roues de derrière & dix petites les toutes transportées sur des mulets de Liddes. . . . . 60 »

Plus un reçu de deux avants-trains portés par des hommes de Liddes au S' Bernard dont le payement en est du. . . . . 48 »

---

1. *Étroubles*, en Italie, à deux heures et demie du Saint-Bernard.
2. *Saint-Rémy*, à une heure et demie du Saint-Bernard, du côté italien.

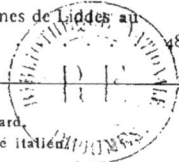

Plus un avant-train porté par des hommes de Liddes, les reçus ont été remis au président Pétier . . . . 24 »

Plus un reçu d'une pièce de canon de 8, traînée par des hommes de Liddes depuis St Pierre au St Bernard avec une prolonge en date du 24 prairial.. . . 100 »

Plus une pièce de canon de 4 traînée par des hommes de Liddes, depuis St Pierre au St Bernard, le 18 prairial . . . . 48 »

Plus encore une pièce de canon de 4 avec d'autre train, le 22 prairial, traînée par des hommes de Liddes . . . . 64 »

Plus encore un certificat comme le payement est du du transport cinq flasques de 8 portées par des hommes de Liddes depuis St Pierre au St Bernard, le 19 prairial an 8 dont le payement est dû . . . . 80 »

Plus le 23 et le 24 prairial 3o hommes de Liddes ont traîné un canon de St Pierre à St Bernard, n'ayant pu le rendre en haut le 23, ils l'ont repris le 24, il est dû . . . . 100 »

Plus les dommages, dégâts causés par l'armée de réserve de passage sur le St Bernard, sur le territoire de Liddes, depuis le pont de Ponsec à celui d'Alèves, le long du grand chemin, à droite et à gauche et le bivac de Crache et celui des près en bas de (la) ville de Liddes avec les hayes, closons abimées et brulées et les murs dévastés après taxe opérée par des prudhommes attestées par les municipalités du temps. . . . . 3184 »

Plus 3oo pièces de bois couppés dans la forêt de Liddes, tant pour le bivac que pour le transport de l'artillerie. . . . . 1200 »

Nous soussignés certifions, attestons des comptes ci-dessus réels et conformes aux registres et récépissés que nous tenons remis au Conseil actuel par la cy-devant Municipalité pour dresser le présent compte se rapportant cependant toujours aux bons livres de l'administration qu'on croit être plus fort aux [quels] on se rapporte si on les trouve ainsi qu'aux 4 cayeds [cahiers] qui existent entre les mains des anciens administrateurs qui ne sont point compris ici.

Pour foy et preuve de vérité les municipaux signent.

Darbellay, Président de la municipalité
Martinien Darbellay, municipal
Pierra, municipal [1].

*
* *

Je passai la nuit à Liddes et le lendemain de bon matin je continuai ma route vers Bourg-Saint-Pierre qui n'en est distant que de 5 kilomètres.

J'avais bon espoir de faire là quelques découvertes, car M. Massard m'envoyait à son ami le Dr Ballay, chargé, me disait-il, de conserver les papiers de cette commune.

Je frappai donc avec confiance à la porte du vieux médecin, providence du pays, qui me reçut le mieux du monde, mais qui, sur l'exposé

---

1. L'état ne porte aucune date, mais d'après sa teneur, il a dû être dressé peu de temps après le passage de l'armée ; il est à supposer d'ailleurs que les réclamations des habitants de Liddes ont reçu pleine satisfaction sans toutefois qu'on puisse l'affirmer faute d'une preuve matérielle.

de l'objet de ma visite, dut m'avouer que ses dossiers étaient dans un tel état de désordre qu'aucune recherche n'y était possible... il se promettait d'ailleurs de les ranger prochainement.

Et ce fut pour moi une nouvelle déception.

Bourg-Saint-Pierre est la dernière localité sur la route du Saint-Bernard. Tout chemin finissait là en 1800 [1], et, quand Bonaparte descendit de cheval le matin du 20 mai dans la grande rue du village, on dut s'enquérir de lui trouver une monture et un guide pour le conduire par les sentiers à peine tracés de la montagne.

Il fit à Saint-Pierre une halte d'environ une heure et entra dans une auberge qui portait pour enseigne : *A la Colonne milliaire* et qui depuis s'est appelée : *Au Déjeuner de Napoléon Ier*.

On lui servit deux œufs dans une chambre au premier étage et il se reposa, dit-on, quelques instants dans une grande bergère que les descendants des aubergistes Moret ont soigneusement conservée et montrent aux voyageurs.

S'il faut en croire la tradition, on eut de la peine à lui procurer une monture et un conducteur. Beaucoup d'habitants avaient été réquisitionnés les jours précédents avec leurs mulets pour aller au Saint-Bernard et, arrivés là, s'étaient vus contraints de continuer plus loin ; certains avaient même été renvoyés sans être payés [2]. Ceux qui restaient ne s'empressaient guère de se mettre à la disposition des Français. On finit pourtant par découvrir un jeune gars nommé *Dorsaz* qui avait caché sa mule et qu'on détermina un peu par force à partir.

On connaît l'épisode. La mule, à un endroit particulièrement dangereux, nommé le Pas de Sarreyre, fait un écart et, sans la présence d'esprit de son guide, Bonaparte eût roulé avec elle dans un affreux précipice... et la face du monde s'en fût trouvée changée.

Le général, qui apprécie les hommes au poignet et au cœur solides, cause avec le montagnard, s'intéresse à ses affaires et apprend de lui son désir d'acheter sa maison ; il lui faudrait pour cela quelques centaines de francs. Un an après, Dorsaz — que ses camarades avaient baptisé Dorsaz-Bonaparte — reçut, par l'intermédiaire du ministre de la République à Berne, une somme de 1.200 francs comme récompense de son sang-froid [3].

De Bourg-Saint-Pierre au Grand-Saint-Bernard on compte seulement 13 kilomètres ; mais, sur cette courte distance, il faut s'élever de plus de

---

1. La route actuelle du Saint-Bernard date de 1845 ; il y a quelques années encore le parcours de Saint-Pierre à l'hospice se faisait à dos de mulet.

2. C'est d'ailleurs ce qui résulte du document reproduit ci-dessus.

3. La maison de Dorsaz existe encore ; elle est un peu à l'écart de la rue principale et est occupée par le petit-fils de Dorsaz qui exerce la profession de guide.

1.000 mètres et, lorsqu'au bout de trois quarts d'heure, on a dépassé la cantine de Proz, c'est, durant les deux dernières heures du trajet, le désert âpre et semé de précipices au fond desquels mugit le torrent de la Dranse.

A faire aujourd'hui ce trajet par une route relativement commode il est cependant facile de se rendre compte des difficultés immenses qu'eut à surmonter l'armée, en accomplissant la rude besogne imposée par son chef, pour parvenir avec armes et bagages au sommet du col. Cela fut

Endroit dit le PAS DE SARREYRE, *où Bonaparte faillit rouler dans le précipice avec la mule de Dorsaz.*

fait pourtant, et quand, à midi, le Premier Consul apparut lui-même à l'entrée du couvent, il se vit salué par les acclamations enthousiastes de ses braves à qui la présence de leur général faisait en un instant oublier les fatigues et les dangers.

* *

Après avoir franchi le perron de l'hospice et fait résonner la grosse cloche que tire tout arrivant pour s'annoncer [1], mon premier soin fut de

---

1. En face de cette cloche est placée, sur le mur du vestibule, une grande plaque de

demander au religieux qui vint au devant de moi, avec un bon sourire, de me présenter au R. P. Bourgeois.

Le Premier Consul reçu le 20 mai 1800 par les chanoines du Grand-Saint-Bernard,
d'après le tableau de J. Girardet.

Le prévôt était là en effet, et il me fit l'accueil le plus engageant. Je lui dis le but spécial qui m'avait conduit dans sa maison et de suite sa réponse ne me laissa guère d'espoir sur l'abondance de la moisson que j'aurais à y faire.

marbre noir qui porte en lettres d'or l'inscription suivante :

NAPOLEONI PRIMO FRANCORUM IMPERATORI SEMPER AUGUSTO.

RESPUBLICAE VALAISIANAE RESTAURATORI SEMPER OPTIMO.

AEGYPTIACO BIS ITALICO SEMPER INVICTO.

IN MONTE JOVIS ET SEMPRONII SEMPER MEMORANDO.

RESPUBLICA VALAISIANA GRATA.

II DECEMBRIS

ANNI MDCCCIV.

A Napoléon premier, empereur des Français, toujours auguste,
Au Restaurateur de la République du Valais toujours magnanime,
Au Triomphateur de l'Égypte et deux fois de l'Italie toujours invaincu,
A jamais mémorable sur le mont de Jupiter et de Sempronius,
La République du Valais reconnaissante, 2 décembre 1804.

Il m'en exprima ses regrets et, avec beaucoup de bonne grâce, se mit à ma disposition.

Je visitai la chambre où Bonaparte avait séjourné dans l'après-midi, de trois à quatre heures, et où il avait mangé un poulet. Située à droite dans le couloir qui dessert le cloître des Pères, cette pièce n'offre du reste aucune particularité ; on y a peint seulement comme souvenir deux épées entrelacées au-dessus de la cheminée.

La bibliothèque, où je pénétrai ensuite, contient plus de 15.000 volumes et renferme en outre un petit musée d'antiquités et une collection de monnaies romaines, produit pour la plupart de fouilles, entreprises aux abords du couvent, sur l'emplacement d'un temple de Jupiter (d'où le nom ancien de Mons Jovis porté autrefois par le Saint-Bernard); le seul objet rappelant le passage de Bonaparte consiste dans un grand flacon en cristal de forme carrée provenant de sa voiture laissée à Martigny [1] : sur ce flacon se lisent ces mots gravés depuis : *Flacon ayant servi à Napoléon. S. B.*

On remarque sur les murs les portraits des chanoines Murith et Terrataz qui avaient accompagné le Premier Consul pendant la montée et une gravure du tableau de Paul Delaroche le représentant sur sa mule conduite en main par Dorsaz [2].

« Et comme document écrit, demandai-je un peu timidement...? — » Celui-ci seulement, me répondit le P. Bourgeois, mais son intérêt n'est » pas très grand », et il me tendit la lettre que voici dont je fus malgré tout heureux de prendre la copie :

RÉPUBLIQUE FRANÇAISE

LIBERTÉ   ÉGALITÉ

Au Quartier général à Turin, le 9 messidor an 8 de la République française une et indivisible.

ALEXIS BERTHIER, Général en chef de l'Armée de Réserve.

Au Prieur de l'abbaye du S' Bernard.

Vous m'avez promis, Monsieur, de me donner un chien de la Race de ceux du S' Bernard. Je vous prie, si cela est possible, de le remettre à mon aide de camp, Laborde, porteur de cette lettre.

Je vous salue,
ALEXIS BERTHIER.

---

1. La voiture fut réclamée à la maison prévôtale le 25 frimaire an IX, au nom du Gouvernement français, par Murat, qui commandait alors un corps d'observation à Genève.
2. Le tableau est à la galerie Onslow, à Londres.

Ma tâche était terminée, je n'ose dire remplie. Un devoir pourtant me restait à accomplir et je me rendis à la chapelle pour saluer le tombeau où, d'après la volonté de Napoléon Ier, reposent les restes de Desaix tombé à Marengo [1].

Et quand, en sortant de l'hospice, je traversai le vestibule d'entrée, mes yeux se reportèrent vers la plaque de marbre où sont énumérés les titres de l'Empereur à l'admiration et à la reconnaissance des Valaisiens et je songeai que, s'il reste dans ces contrées peu de chose à glaner sur le champ de l'histoire, les hauts faits de nos aïeux y ont laissé pour la postérité d'impérissables souvenirs.

G. CRESTE.

Un chien du Mont-Saint-Bernard.

---

1. Ce tombeau, tout en marbre, est orné d'un superbe bas-relief dû au ciseau de Moitte ; il fut érigé en 1806 ; Berthier vint au couvent pour inaugurer le monument et le remettre à la garde des religieux.

58